VENTE DU 15 MAI 1893

(HÔTEL DROUOT)

CATALOGUE

DE

LIVRES ANCIENS

ET MODERNES

ET DES MANUSCRITS ORIGINAUX

DES BALLETS ET DIVERTISSEMENTS

DE

M. HENRI JUSTAMANT

PARIS

EM. PAUL, L. HUARD ET GUILLEMIN

LIBRAIRES DE LA BIBLIOTHÈQUE NATIONALE

28, RUE DES BONS-ENFANTS, 28

1893

LA VENTE AURA LIEU

Le Lundi 15 Mai 1893

à deux heures précises du soir

A L'HOTEL DES COMMISSAIRES-PRISEURS, RUE DROUOT, 9

SALLE N° 10

Par le ministère de Me MAURICE DELESTRE, Commissaire-priseur

27, RUE DROUOT, 27

Assisté de MM. ÉM. PAUL, L. HUARD ET GUILLEMIN

LIBRAIRES-EXPERTS

28, RUE DES BONS-ENFANTS

CONDITIONS DE LA VENTE

La vente se fait expressément au comptant.

Les acquéreurs payeront 5 p. 100 en sus des enchères, applicables aux frais.

Il y aura exposition le jour de la vente, de 1 à 2 heures.

Les livres devront être collationnés dans les vingt-quatre heures de l'adjudication. Passé ce délai, ou une fois sortis de la salle de vente, ils ne seront repris pour aucune cause.

Les Libraires, chargés de la vente, rempliront les commissions des personnes qui ne pourraient y assister.

DÉPÔT LÉGAL
N° 2442
1893

CATALOGUE

DE

LIVRES ANCIENS

ET MODERNES

ET DES MANUSCRITS ORIGINAUX

DES BALLETS ET DIVERTISSEMENTS

DE

M. HENRI JUSTAMANT

---

1. Catéchismes, ou Abrégés de la doctrine chrétienne, imprimés par l'ordre de Mgr l'archevêque de Bourges pour être seuls enseignés dans son Diocèze. *Bourges, Toubeau,* 1693, 2 vol. in-12, front. sur cuivre, mar. r. dos orné, fil. et comp. à la Du Seuil, tr. dor. (*Rel. anc.*)

2. L'Imitation de Jésus-Christ, traduction de F. de Lamennais. *Paris, Gruel et Engelmann, s. d.* (1883) in-fol. pl. en chromo-lithog. en feuilles.

   Exemplaire de souscription de cette belle publication exécutée en or et en couleur, par la chromolithographie, d'après les plus beaux manuscrits du xiii⁰ au xvi⁰ siècles.

3. Liber trium virorum et trium spiritualium virginum. Hermæ liber unus; Uguetinus liber unus; F. Roberti libri duo; Hildegardis Scivius libri tres; Elizabeth virginis libri sex; Mechtildis virgi. Libri quīqz. (A la fin :) *Emissum Parisiis ex officina Henrici Stephani... anno Mil. ccccc.xiij. sexto nonas Junias...* (1513), in-fol. de 12 ff. prél. non ch. et 190 ff. ch. de texte, car. ronds, fig. sur bois sur le titre, lettres ornées, mar. r. dos orné, fil. tr. dor. (*Rel. anc.*)

   Bel exemplaire du duc de La Vallière de cet ouvrage peu commun.

---

4. Essais de Montaigne. Nouvelle édition. *Paris, Desoer*, 1818, in-8 à 2 col. portr. demi-rel. mar. r. jans. avec coins, tête dor. non rog. (*Brany.*)

Jolie édition compacte.

Bel exemplaire de M. DE MARESCOT, auquel cet amateur a ajouté les huit ouvrages suivants *en reliure uniforme*, par Brany :

La Vie publique de Montaigne, étude biographique, par Alph. Grün. *Paris*, 1855. — Notice bibliographique sur Montaigne, par J.-G. Payen. *Paris*, 1837. — Les Essais de Montaigne. Leçons inédites recueillies par un membre de l'Académie de Bordeaux. *Paris*, 1844. — Documents inédits ou peu connus sur Montaigne, recueillis et publiés par le Dr Payen. *Paris*, 1847-1855, 2 vol. — Nouveaux documents inédits sur Montaigne, par le même. *Paris*, 1850, fac-similé. — Recherches sur Montaigne, par le même. *Paris*, 1856, pap. de Hollande (on y a joint une *lettre autographe* du Dr Payen). — Étienne de la Boétie, ami de Montaigne. Étude sur sa vie et ses ouvrages, par Léon Feugère. *Paris*, 1845.

---

5. F. LE VAILLANT : HISTOIRE NATURELLE DES OISEAUX DE PARADIS, des toucans et des barbus ; suivie de celle des promerops, guêpiers et des couroucous. — Histoire naturelle des Perroquets. — *Paris, Denné, de l'imp. de Didot*, 1807-1816. — Ens. 3 vol. gr. in-fol. pl. cuir de Russie. dos ornés, dent.

Magnifiques publications fort recherchées, ornées de planches soigneusement coloriées par Barraband.

Notre exemplaire se compose de 266 planches, dont 144, celles des perroquets, sont avec la légende frappée en relief.

La reliure d'un des volumes porte l'étiquette du COMTE DE CAUMONT. gentilhomme-relieur émigré à Londres, auquel M. Ernest Thoinan dans son important ouvrage sur les *Relieurs français*, consacre une intéressante étude (p. 224).

Ex-libris de John COLLIER.

---

6. ORCHESOGRAPHIE et Traicté en forme de Dialogue, par lequel toutes personnes peuvent facilement apprendre et pratiquer l'honneste exercice des dances. Par Thoinot Arbeau, demeurant à Lengres (Jean Tabourot). *Imprimé audict Lengres, par Jehan des Preyz*, 1589, in-4 de 104 ff. fig. et musique, gr. sur bois, vélin.

Livre fort rare et fort curieux, composé par le chanoine de Langres. Jean Tabourot, oncle de l'auteur des *Bigarrures*. Cet ouvrage publié après la mort de l'auteur renferme un traité de la danse, du tambour, du fifre, etc., il est orné de figures sur bois, représentant les diverses attitudes des danseurs.

Curieux exemplaire de Jean-Étienne DESPRÉAUX, né en 1743, mari de la Guimard, célèbre danseuse, répétiteur des cérémonies impériales, maître de danse de Sa Majesté l'Impératrice et de la reine Marie-Louise, qui, d'après une NOTE AUTOGRAPHE placée au verso du premier plat de la reliure, « le reçut de M. PAPILLON, ancien maître de danses de Versailles, en échange d'une tabatière d'or ».

Au dessous de cette mention se lit l'octave suivante :

Air : *Aussitôt que la lumière.*

« Chansonnier et parodiste,
Je rime de tems en tems.
Fort heureux ainsi j'existe
Depuis plus de soixante ans ;
Malgré ma santé fragile
Je me ris de tous mes maux
Moi, natif de cette ville, »
Jean-Etienne Despréaux. »

à Paris, le 1.er janvier 1811.

A la fin du volume, sur le plat intérieur de la reliure, se trouve en outre la SIGNATURE AUTOGRAPHE de ANATOLE, « maître des ballets du Théâtre Royal de Londres, et pensionnaire de l'Académie Royale de Musique de Paris ».

Enfin cet exemplaire porte dans les marges de quelques feuillets de curieuses annotations manuscrites renfermant des explications de termes de danse, et au-dessous de chaque vignette sur bois, un nom manuscrit, sans doute celui d'un auteur ou d'un musicien célèbre de l'époque, avec des qualificatifs tels que : ivrogne, sot, fine-beste, maquereau, etc.

Raccommodages aux marges de quelques ff.

---

7. Essai typographique et bibliographique sur l'histoire de la gravure sur bois, par Amb. Firmin-Didot. *Paris, Didot,* 1863 in-8, texte à 2 col. demi-rel. mar. bleu avec coins, dos orné, fil. tête dor. non rog. (*V.ve Brany.*)

8. Charles-Etienne Gaucher, graveur. Notice et catalogue par le baron Roger Portalis et Henri Draibel (Beraldi). *Paris, Morgand et Fatout,* 1879, in-8, portr. cart. perc. blanche, non rog.

Exemplaire sur papier WHATMAN, avec le portrait en double état, avec et AVANT LA LETTRE.

9. Rodolphe Töpffer, l'écrivain, l'artiste et l'homme, par Auguste Blondel avec la collaboration de Paul Mirabaud. Ouvrage illustré de vingt-cinq photogravures et suivi d'une bibliographie complète. *Paris, Hachette et C.ie* , 1886, gr. in-8, fig. br.

10. Catalogue illustré des dessins et estampes composant la collection de M. Ambroise Firmin-Didot, précédé d'introductions par M. Charles Blanc et M. Georges Duplessis. *Paris, Firmin-Didot,* 1877, in-4, planches en fac-similé, demi-rel. mar. r. jans. avec coins, tête dor. ébarbé (*Smeers.*)

Exemplaire sur GRAND PAPIER avec la table des prix d'adjudication.

11. Catalogue de dessins anciens et modernes, aquarelles et miniatures formant la collection de feu M. Mahérault. *Paris*, 1880, in-8, fig. à l'eau-forte par Champollion, br.

> De nombreux dessins de Moreau et de Gavarni, sont décrits dans ce catalogue.

12. Catalogue de dessins anciens et modernes et de miniatures, formant, la collection de Monsieur le baron R. P. (Portalis). *Paris*, 1887, gr. in-4, fig. gr. par Lalauze et Jacquemart, br.

13. Jean Berleux (Maurice Quentin-Bauchart). La Caricature Politique en France, pendant la Guerre, le Siège de Paris et la Commune (1870-1871). *Paris, Labitte, Em. Paul et C*ie, 1890, in-4, pap. vélin, nombreuses fig. br. couverture illustrée.

> Le plus complet des ouvrages publiés jusqu'à ce jour sur cette matière; c'est en somme le catalogue détaillé de toutes les caricatures parues à cette époque.
> Tiré à petit nombre.

14. HONORÉ FRAGONARD. Figures des Contes de La Fontaine, gravées par Martial, et destinées à orner l'édition Didot, 1795, en 2 vol. in-4. *Paris, Rouquette, s. d.* 60 pl. in-fol. en feuilles.

> Epreuves AVANT TOUTES LETTRES, sur PAPIER DE HOLLANDE, tirées en noir.
> On a ajouté à cette suite, incomplète du titre gravé et de la table, le portrait de La Fontaine gravé par Edelinck, d'après Rigault, et celui de Fragonard, par Le Carpentier, de même format.

15. Suites d'eaux-fortes pour illustrer la *Petite Bibliothèque littéraire. Paris, Lemerre*, 1874-1883, fig., en feuilles dans 17 cartons in-8.

> *Le Chevalier Destouches*, par Barbey-d'Aurevilly; 6 eaux-fortes dessinées et gravées par Félix Buhot. — *Œuvres* de Boileau; 7 eaux-fortes d'après Cochin. — *Fables* de La Fontaine; 72 eaux-fortes d'après Oudry. — *Contes* de La Fontaine; 40 eaux-fortes d'après Fragonard. — *Le Diable boiteux*, par Le Sage; 9 eaux-fortes dessinées par Pilles. — *Gil Blas*, par Le Sage; 16 eaux-fortes par Pille. — *Œuvres* de Molière; 35 eaux-fortes d'après Boucher. — *Œuvres* d'Alfred Musset; 42 eaux-fortes par Pille (en quatre séries). — *Œuvres* de Racine; 13 eaux-fortes d'après Gravelot. — *Paul et Virginie*, par Bernardin de Saint-Pierre; 7 eaux-fortes dessinées et gravées par Hédouin. — Le *Roman Comique*, de Scarron; 12 eaux-fortes par Pille. — *Œuvres* de Shakespeare; 36 eaux-fortes par Pille (en deux séries). — *Romans* de Voltaire; 21 eaux-fortes d'après Monnet et Marillier.

16. Les Zigzags d'un Curieux. Causeries sur l'art des livres et

la littérature d'art, par Octave Uzanne. *Paris, Quantin*, 1888, in-12, front. br. couverture.

> Exemplaire sur PAPIER ROSE avec le frontipice en deux états : AVANT LA LETTRE SUR CHINE et avec REMARQUES SUR JAPON. Le faux titre contient l'envoi autographe suivant : *A l'ami Jacques de la Resle, j'offre cet exemplaire sur papier rose, frère jumeau de mon « tirage spécial d'auteur », en témoignage de notre jumelle fraternité de cœur et d'esprit.*
>
> OCTAVE UZANNE.

17. **Promenade à travers deux siècles et quatorze salons, par Lucien Double.** *Paris, imprimerie de Ch. Noblet*, 1878, gr. in-8, portr. fig. et chromolithog. demi-rel. mar. citron avec coins, dos richement orné avec mosaïque de mar. vert et grenat, fil. tête dor. ébarbé. (*Pagnant.*)

> Description de la collection d'objets d'art en tous genres ayant appartenu à M. Léopold Double et dont la vente a produit 2 600 000 francs.
> Ce volume tiré à très petit nombre et non mis dans le commerce est orné du portrait de M. Léopold Double par Staal, de 29 planches, dont 12 eaux-fortes par Jacquemart (7), Flameng (4) et Gaucherel (1) et de 4 chromolithographies. Ces dernières planches, la *Boîte de Baptème*, entre autres, manquent souvent aux rares exemplaires de ce beau livre que l'on rencontre de loin en loin.
> Très bel exemplaire.

18. **Paul Eudel. Le Truquage. Les Contrefaçons dévoilées.** *Paris, E. Dentu (impr. Paul Dupont)*, 1884, in-12, demi-rel. mar. r. jans. avec coins, fil. tête dor. non rog. couverture.

> Ouvrage curieux, indispensable aux bibliophiles, aux amateurs d'estampes, d'objets d'art et de curiosités.
> Bel exemplaire sur PAPIER DE HOLLANDE.

19. **60 Planches d'orfévrerie de la collection de Paul Eudel, pour faire suite aux Éléments d'orfévrerie composés par Pierre Germain.** *Paris, Quantin*, 1884, in-4, texte et 60 pl. gravées à l'eau-forte, en feuilles dans un carton.

> Ouvrage tiré à petit nombre.

---

20. **Fables de La Fontaine, édition illustrée de 75 planches à l'eau-forte, par A. Delierre.** *Paris, Quantin*, 1883, 2 vol. in-4, pl. demi-rel. mar. r. avec coins, dos orné, fil. tête dor. ébarbé.

> Exemplaire incomplet de la figure des *Femmes et le Secret* et du titre du livre VI.

21. OEuvres complètes de Jean Racine. Nouvelle édition, ornée de figures dessinées par Lebarbier et gravées sous sa direction. *De l'imprimerie de Didot jeune, à Paris chez Deterville, l'an IV.* (1796), 4 vol. in-8, portr. fig. mar. r. dos orné, large dent. sur les plats et dent. int. tr. dor. (*Bradel-Derome.*)

Bel exemplaire sur papier vélin contenant la suite des figures en deux états : avant la lettre et EAUX-FORTES. — Petite déchirure à la marge d'un f.

22. Tom Jones, comédie lyrique en trois actes, par Poinsinet (d'après le roman de Fielding), représentée devant Madame la comtesse d'Artois à Nevers, par les comédiens italiens ordinaires du Roi. *Paris, Ballard,* 1773, in-8, mar. r. dos fleurdelisé, fil. tr. dor. (*Rel. anc.*)

Exemplaire aux armes de la comtesse de Provence, incomplet d'un des ff. prél.

23. Les Gestes et Faictz ‖ merveilleux du no‖ble Huon de Bor‖ deaulx, Per de France, duc de Guyenne. Nouvellement rédigé en bon ‖ françoys : et imprime nouvellement a Paris. ‖ *A Paris, ‖ pour Jean Bonfons libraire, demourant en la rue neusve ‖ nostre Dame à lenseigne sainct Nicolas.* ‖ s. d. in-4, goth. de 8 ff. prél. non ch. et 264 ff. de texte à 2 col. ch. 265, titre en r. et noir avec fig. sur bois, mar. bleu, dos orné, fil. dent. int. tr. dor. (*Trautz-Bauzonnet.*)

Édition très rare, ornée de figures sur bois, de ce célèbre roman de chevalerie.
Exemplaire un peu court en tête ; quelques légers raccommodages.

24. Les Avantures de Télémaque, fils d'Ulysse, par feu Messire François de Salignac de La Mothe Fénelon. Nouvelle édition conforme au manuscrit original et enrichie de figures en taille-douce. *Amsterdam, Wetstein,* 1734, in-fol. front. portr. fig. et culs-de-lampe par Folmeka, Dubourg, Vivier, Debrie, etc. mar. r. dos orné, large dent. mosaïque de mar. vert aux angles des plats, doublé de mar. bleu, large dent. milieu doré, tr. dor. (*Rel. anc.*)

Un des 150 exemplaires tirés de format in-folio de ce magnifique livre. Il est couvert d'une très riche reliure de l'époque, portant sur fond de maroquin bleu, les armes de Pinto de Fonséca, grand-maître de l'Ordre de Malte, et possède à la fin du volume l'*Ode* qui fut supprimée par ordre de la cour et qu'on ne trouve que fort rarement.

25. OEuvres de Gustave Flaubert. Madame Bovary, mœurs de

province. *Paris, Lemerre,* 1874, 2 vol. in-16, mar. citron
jans. dent. int. tête dor. non rog. (*Kaufmann.*)

> De la *Petite Bibliothèque littéraire.*
> Bel exemplaire auquel on a ajouté la suite des 7 figures dessinées et
> gravées à l'eau-forte par Boilvin.

26. Œuvres complètes de Voltaire. *Paris, Sautelet,* 1827,
3 tomes en 6 vol. in-8 à 2 col. portrait gravé par Hopwood,
cuir de R. dos orné, dent. tr. dor. (*Purgold.*)

> Édition compacte.
> Très bel exemplaire, sauf quelques taches de rousseur inhérentes à la
> nature du papier. Superbe reliure, un des chefs-d'œuvre de Purgold.

27. Œuvres de Alfred de Musset. *Paris, Lemerre,* 1884-1892,
7 vol. gr. in-4, br.

> Poésies, 2 vol. — Comédies et Proverbes, 3 vol. — La Confession d'un
> Enfant du Siècle. — Nouvelles.
> Un des 50 exemplaires sur PAPIER DU JAPON.

28. Œuvres complètes de H. de Balzac. Édition définitive.
Paris, Michel Lévy, 1869-1876, 24 vol. in-8, portr. et fac-
similé, br.

> Exemplaire sur PAPIER DE HOLLANDE.

29. Analectes du bibliophile. Recueil trimestriel contenant :
1° diverses pièces curieuses anciennes et modernes ; —
2° des analyses critiques et des extraits de diverses publications... ; — 3° une correspondance, des mélanges... des anec-
dotes, etc. Directeur, M. Jules Gay. *Turin, Jean Gay,* 1876,
3 parties en 1 vol. in-12, cart. toile, ébarbé. (*Pierson.*)

> Exemplaire sur PAPIER DE CHINE.

30. Mémoires des Comtes du Maine, par Pierre Trouïllart,
sieur de Montferré, advocat au Mans. *Imprimé au Mans et se
vendant à Paris chez Jean Libert,* 1643, in-12, mar. r. dos
orné, fil. dent. int. tr. dor. (*Hardy.*)

> Ouvrage peu commun.

31. CRÉATIONS DU COLLEIGE DES NOTAIRES et Secrétaires
du Roy et maison de France, previlleiges dons et octroyz
faictz par les roys de France a icelluy Colleige. — In-4, ve-
lours violet. (*Rel. anc.*)

> MANUSCRIT du XVIᵉ siècle, sur VÉLIN, renfermant de nombreux actes,
> édits et privilèges concernant le collège des Notaires et Secrétaires du
> roi. Il se compose de 140 ff. et est orné de DEUX BELLES MINIATURES
> à pleine page. La première représente un personnage agenouillé devant

un autel; c'est sans doute le portrait de celui pour qui ce manuscrit a
été exécuté, car au-dessous on lit : *Jehan Ferey, secrétaire du Roy, de
la maison et cour de France, seigneur des André, du Valivas et du Chu-
quet.* Les armoiries de ce personnage se trouvent peintes dans le bas
et autour de la miniature, dans un bel encadrement où figurent également des armes de toutes sortes. — La seconde représente François Ier
rendant un arrêt en présence de son conseil et de ses secrétaires; elle
porte au bas de l'encadrement la date de 1546. — De nombreuses
LETTRES INITIALES ORNÉES décorent en outre ce manuscrit.

    Hauteur : 229 mill.

32. La Haute-Savoie, Récits de Voyage et d'Histoire, par Fran-
cis Wey. *Paris, Hachette*, 1866, gr. in-fol. 50 pl. lithog. de
Terry, demi-rel. mar. brun avec coins, plats toile, tr. dor.
(*Letcher.*)

33. Clément Marot et le Psautier huguenot, étude historique,
littéraire, musicale et bibliographique, contenant les mélo-
dies primitives des Psaumes et des Spécimens d'harmonie...
Par O. Douen. *Paris, à l'Imprimerie Nationale*, 1878-1879,
2 vol. gr. in-8, musique notée, demi-rel. mar. r. têtes dor.
non rog.

    Bel ouvrage publié à 60 francs.
    Exemplaire avec deux lettres ajoutées, dont UNE DE L'AUTEUR à M. Adert,
de Genève.

34. Bonaventure Desperiers. Cirano de Bergerac, par M. Ch.
Nodier. *Paris, Techener*, 1841, in-8, pap. de Holl. demi-rel.
mar. r. jans. avec coins, tête dorée, ébarbé.

35. Georges d'Heilly. Dictionnaire des pseudonymes. *Paris,
Rouquette*, 1868, pet. in-12, demi-rel. mar. r. avec coins,
dos orné, fil. tête dor. non rog. (*Brany.*)

    Ouvrage tiré à petit nombre, rempli de notes fort curieuses et sou-
vent très amusantes.
    Un des dix exemplaires sur PAPIER DE CHINE, numéroté (n° 1) et signé
par l'auteur.

36. Le Livre d'Or de Victor Hugo, par l'élite des écrivains et
des artistes contemporains. *Paris, Launette*, 1883, in-4, fig.
pl. hors texte, en héliog. et en fac-similé, en fasc.

    Exemplaire sur GRAND PAPIER DU JAPON, avec les figures en épreuves
AVANT LA LETTRE.
    Manquent les fascicules 22 et 23.

37. Les Origines du Palais de l'Institut. Recherches historiques
sur le collège des Quatre-Nations, d'après des documents

entièrement | inédits par Alfred Franklin. *Paris, Aubry,* 1862, in-8, demi-rel. mar. r. ébarbé.

Tiré à 300 exemplaires.

38. Recherches historiques et littéraires sur les Danses des morts et sur l'origine des cartes à jouer. Ouvrage orné de cinq lithographies et de vignettes. Par Gabriel Peignot. *Dijon, Victor Lagier,* 1826, in-8, pl. demi-rel. mar. vert avec coins, dos orné, fil. tête dor.

Cet ouvrage, devenu rare, est une des meilleures et des plus curieuses publications de Peignot.
Un des dix exemplaires sur PAPIER VÉLIN DE COULEUR (chamois foncé).

39. LE PROPRIÉTAIRE EN FRANCOYS. (A la fin :) *C'estuy livre des poprietes des choses fut tràslaté de latin en Fràcoys... Et le tràslata frère Jehan Corbichon... Et a été revisité par frère Pierre Ferget... et imprimé à Lyon par Mathieu Nusz le XVe jour de Mars 1491,* in-fol. à 2 col. car. goth. fig. sur bois, lettres ornées, mar. brun, comp. à fr. style xve siècle sur le dos et les plats, tr. dor. (*Chambolle-Duru.*)

Le *Propriétaire des choses* (*Liber de proprietatibus rerum*) de frère Barthélemy de Glanville, écrit vers le milieu du xive siècle, est une sorte d'encyclopédie d'histoire naturelle et de médecine, orné de figures sur bois assez naïvement exécutées.
Bel exemplaire de la vente NOILLY, malheureusement incomplet du dernier feuillet contenant le registre dés cahiers.

---

40. Éloge historique de Jean Gensfleich dit Gutenberg, premier inventeur de l'art typographique à Mayence, par M. J.-F. Née, de La Rochelle. *Paris, Colas,* 1811, in-8, pap. vél. portr. mar. r. à long grain, dos orné, fil. doublé et gardes de tabis vert, tr. dor.

41. Les Imprimeurs lillois. Bibliographie des impressions lilloises, 1595-1700, par Jules Houdoy. *Paris, Morgand et Fatout,* 1879, gr. in-8, papier de Hollande, pl. en chromo tirée sur Japon, cart. ébarbé, couverture.

42. Recherches sur l'établissement et l'exercice de l'imprimerie à Troyes ; contenant la nomenclature des imprimeurs de cette ville, depuis la fin du xve siècle jusqu'à 1789, et des notices sur leurs productions les plus remarquables, avec fac-similé et marques typographiques. Par Corrard de Breban. Troisième édition, revue et considérablement augmentée d'après les notes manuscrites de l'auteur, par Olgar Thierry-

Poux. *Paris, Chossonnery*, 1873, in-8, fig. dans le texte, cart. perc. grise, non .rog. couverture. (*Behrends.*)

Exemplaire sur GRAND PAPIER avec un envoi autographe signé de M. Thierry-Poux à M. Rathery.

43. Antiquités typographiques de la France. Origines de l'Imprimerie à Albi en Languedoc (1480-1484). — Les Pérégrinations de J. Neumeister, compagnon de Gutenberg en Allemagne, en Italie et en France (1463-1484), son établissement définitif à Lyon... par A. Claudin. *Paris, Claudin*, 1880, gr. in-8, pl. en fac-similé, demi-rel. mar. brun avec coins, fil. tête dor. non rog. (*Chapalain.*)

Un des 10 exemplaires sur GRAND PAPIER VÉLIN; planches en noir et rouge avec reproductions photographiques des originaux.

44. Recherches sur diverses éditions elzeviriennes, faisant suite aux études de MM. Bérard et Pieters, extraits des papiers de M. Millot, mises en ordre et complétées par Gustave Brunet. *Paris, Aubry*, 1866, in-12, demi-rel. mar. violet avec coins, dos orné, fil. tête dor. ébarbé. (*R. Petit.*)

Un des 7 exemplaires sur PAPIER DE CHINE.

45. Dictionnaire de la langue verte typographique, précédé d'une monographie des typographes et suivi de chants dus à la Muse typographique, par Eugène Boutmy. *Paris, Isidore Liseux*, 1878, in-18, papier de Hollande, demi-rel. mar. brun avec coins, dos orné, fil. tête dor. ébarbé. (*Lanscelin.*)

Bel exemplaire.

46. Le Livre, par Jules Janin. *Paris, H. Plon*, 1870, in-8, demi-rel. mar. r. avec coins, dos orné, fil. tête dor. ébarbé. (*Masson-Debonnelle.*)

47. Le Livre et la petite bibliothèque d'amateur. Essai de critique, d'histoire et de philosophie morale sur l'amour des livres, par Gustave Mouravit. *Paris, Aubry, s. d.* in-8, papier de Hollande, demi-rel. mar. vert jans. avec coins, tête dor. ébarbé.

Un des 25 exemplaires sur PAPIER DE HOLLANDE.

48. Manuel du bibliophile, ou traité du choix des livres, par Gabriel Peignot. *Dijon, Victor Lagier*, 1823, 2 vol. in-8, portr. demi-rel. mar. vert avec coins, dos orné, fil. tête dor.

Exemplaire sur PAPIER ROSE, avec un portrait ajouté tiré de la collection du Bibliophile français.

49. Caprices d'un bibliophile, par Octave Uzanne. *Paris, E. Rouveyre*, 1878, in-12 tiré in-8, front. de Lalauze, demi-rel. mar. grenat avec coins, dos orné et mosaïqué, fil. tête dor. ébarbé, couverture ill.

Les cahiers de cet exemplaire sont tirés sur divers papiers : Hollande Whatman, bleu et rose. Deux épreuves du frontispice : Hollande et Chine. A la fin du volume se trouve un catalogue de Rouveyre tiré sur Chine.

50. Le Bibliophile, rédigé par Brunox avec la collaboration de plusieurs bibliophiles et illustré de gravures dont plusieurs en taille-douce tirées en couleurs... *Paris, s. d.* in-8, portr. et fig. br.

51. Histoire de la Bibliothèque Mazarine depuis sa fondation jusqu'à nos jours, par Alfred Franklin. — La Librairie de Jean duc de Berry, au château de Mehun-sur-Yevre, 1416, publiée en entier pour la première fois d'après les inventaires et avec des notes, par Hiver de Beauvoir. — Recherches sur la bibliothèque de la Faculté de Médecine de Paris, d'après des documents entièrement inédits, suivies d'une notice sur les manuscrits qui y sont conservés par Alfred Franklin. — Histoire de la bibliothèque de l'Abbaye de Saint-Victor à Paris, d'après des documents inédits. Par Alfred Franklin. *Paris, Aubry*, 1860-1865. — Ens. 4 vol. in-8, un plan, demi-rel. mar. brun avec coins, tête dor. ébarbé. (*Belz-Niedrée*).

Beaux exemplaires de ces quatre ouvrages, tirés à petit nombre.

52. Inventaire de la bibliothèque du roi Charles VI, fait au Louvre en 1483 par ordre du Régent, duc de Bedford. *Paris, pour la Société des Bibliophiles*, 1867, in-8, papier de Hollande, demi-rel. mar. vert, tête dor. non rog.

Exemplaire de M. VIOLET-LE-DUC.

53. Notice sur le manuscrit des OEuvres poétiques de Vatel (Par H. d'Orléans, duc d'Aumale). *Chantilly*, 1881, in-fol. front. et cul-de-lampe, en feuilles, dans un carton.

Cette notice de 16 ff. dont le premier et le dernier sont blancs, est la reproduction par le procédé Gillot du manuscrit autographe de Mgr le duc d'Aumale; elle a été tirée sur beau papier de Hollande, réglé à un nombre très restreint d'exemplaires, destinés à être offerts.

Le manuscrit de Vatel, décrit par le duc d'Aumale, fait partie de la précieuse bibliothèque de Chantilly; il est orné de superbes dessins attribués à Étienne de Laulne dont deux sont reproduits en fac-similé dans cette notice.

54. La Bibliothèque de Fontainebleau et les Livres des der-

niers Valois à la Bibliothèque nationale (1515-1589) : par Ernest Quentin-Bauchart. *Paris, Em. Paul, L. Huard et Guillemin*, 1891, in-8, papier vélin, pl. en noir et en couleur, br.

Cet ouvrage tiré à 250 exemplaires numérotés renferme la description détaillée et raisonnée de tous les livres manuscrits et imprimés qui ont appartenu à François Ier, Henri II, François II, Charles IX et Henri III. Il est orné d'un portrait inédit de François Ier en couleur, de belles reproductions de miniatures, de portraits, etc.

55. Mélanges tirés d'une petite bibliothèque, ou variétés littéraires et philosophiques, par Charles Nodier. *Paris, Crapelet*, 1829, in-8, demi-rel. mar. r. avec coins, tête dor. ébarbé.

Exemplaire avec le portrait de Nodier gravé par Delaunay, ajouté.

56. Bibliothèque de la Reine Marie-Antoinette au Petit Trianon d'après l'inventaire original dressé par ordre de la Convention. Catalogue avec des notes inédites du Marquis de Paulmy, mis en ordre et publié par Paul Lacroix. *Paris, Gay*, 1863, in-18, br.

Exemplaire de Jules Janin, l'un des 15 sur papier de Chine.

57. Cercle de la Librairie. Première Exposition. *Paris, Juin* 1880, in-8, fig. cart. perc. bleue avec comp. de diverses couleurs, tête dor. ébarbé. (*Magnier.*)

Chef-d'œuvre typographique exécuté par huit imprimeurs différents avec des encres de diverses couleurs et des papiers différents. Chaque page est entourée de bordures de couleurs variées.

58. Les Livres à clef. Étude de Bibliographie critique et analytique pour servir à l'histoire littéraire, par Fernand Drujon. *Paris, Rouveyre*, 1888, 2 vol. gr. in-8, br.

Un des 10 exemplaires sur papier de Chine.

59. Manuel du Bibliographe normand ou Dictionnaire bibliographique et historique contenant : l'indication des ouvrages relatifs à la Normandie depuis l'origine de l'imprimerie jusqu'à nos jours, etc., par Éd. Frère. *Rouen, A. Le Brument*, 1858-1860, 2 vol. gr. in-8, cart. non rog.

Exemplaire sur grand papier.

60. Bibliotheca americana vetustissima. A Description of works relating to America published between the years 1492 and 1551 (par H. Harrisse). *New-York, Philes*, 1866. — Additions. *Paris, Tross*, 1872. — Ens. 2 parties en 1 fort vol. in-8, tiré, pet. in-4, fac-similés, demi-rel. chag. r. tête dor ébarbé.

Ouvrage important, devenu rare.
Les *Additions* portent un envoi de M. Edwin Tross à M. d'Avezac.

61. Bibliothèque liturgique.. Description des Livres de Liturgie imprimés aux XVe et XVIe siècles, faisant partie de la bibliothèque de S. A. R. Charles-Louis de Bourbon (comte de Villafranca), par Anatole Alès. *Paris, typographie A. Hennuyer*, 1878, gr. in-8, br.

> Ouvrage important tiré à 150 exemplaires sur PAPIER DE HOLLANDE et non mis dans le commerce.

62. Henry Cohen. Guide de l'amateur de livres à gravures du XVIIIe siècle. Cinquième édition, revue, corrigée et considérablement augmentée, par le baron Roger Portalis. *Paris, Rouquette*, 1887, in-8 à 2 col. br.

> Épuisé.

63. Bibliographie des ouvrages illustrés du XIXe siècle, principalement des livres à gravures sur bois, par Jules Brivois. *Paris, L. Conquet*, 1883, in-8, br.

> Épuisé.

64. Notice historique et bibliographique sur Jean Pèlerin dit le Viateur... par Anatole de Montaiglon. *Paris, Tross*, 1861, in-8, demi-rel. chag. tête dor. non rog.

> Exemplaire de M. VIOLLET-LE-DUC, avec un envoi de l'éditeur, et un petit dessin de M. Viollet-Le-Duc.

65. Geofroy Tory, peintre et graveur, premier imprimeur royal, réformateur de l'orthographe et de la typographie sous François Ier, par Auguste Bernard. Deuxième édition entièrement refondue. *Paris Tross*, 1865, in-8, fig. sur bois, br.

> Un des 25 exemplaires sur GRAND PAPIER DE HOLLANDE.

66. Études sur Gilles Corrozet et sur deux anciens ouvrages relatifs à l'histoire de la ville de Paris... Par A. Bonnardot. *Paris, Guiraudet*, 1848, in-8, demi-rel. v. f. avec coins, dos orné, tête dor. ébarbé. (*Vve Niédrée.*)

> Envoi et LETTRE AUTOGRAPHE signés de l'auteur à M. GRANGIER DE LA MARINIÈRE.
> Tiré à petit nombre, cet ouvrage contient : 1° Recherches sur les éditions des *Antiquités de Paris* de Gilles Corrozet; 2° Notice sur un manuscrit de l'an 1434 qui contient de curieux détails concernant la ville de Paris; 3° Réimpression d'un opuscule gothique intitulé : *Des Rues et Eglises de Paris.*

67. Bibliographie cornélienne ou Description raisonnée de toutes les éditions des œuvres de P. Corneille, des imitations ou traductions, etc... par Émile Picot. *Paris, Aug. Fontaine,*

1876, in-8, portr. demi-rel. mar. grenat avec coins, dos orné, fil. tête dor. ébarbé. (*Smeers.*)

Un des meilleurs ouvrages bibliographiques de ce siècle.

68. Bibliographie moliéresque, par Paul Lacroix (Bibliophile Jacob)... Seconde édition revue, corrigée et considérablement augmentée. *Paris, Aug. Fontaine*, 1875, in-8, portr. demi-rel. mar. r. avec coins, tête dor. ébarbé. (*Dupré.*)

Exemplaire de M. C. WEYER.

69. Notice historique et bibliographique sur Chevrier, par M. Gillet. *Nancy, veuve Rayboys*, 1864, in-8, portr. demi-rel. mar. r. avec coins, dos orné, fil. tête dor. ébarbé.

Un des 30 exemplaires sur PAPIER FORT qui seuls contiennent la lettre de Chevrier sur l'établissement de l'Académie de Nancy, et un portrait de cet écrivain, reproduit par M. Pilinski, d'après un dessin au crayon rouge.
Exemplaire de M. CHARTENER.

70. Cazin, sa vie et ses éditions, par un Cazinophile (Brissart-Binet). *Cazinopolis (Reims)*, 1863, pet. in-12, tiré in-8, demi-rel. mar. La Vall. avec coins, dos orné, fil. tête dor. ébarbé.

Première édition.
Un des 50 exemplaires sur GRAND PAPIER DE HOLLANDE.

71. Le Marquis de Sade, l'homme et ses écrits. Étude bibliographique (par M. Gust. Brunet). *Sadopolis, chez Justin Valcourt, rue Juliette, à l'enseigne de la Vertu malheureuse, l'an* 0000 (*Bruxelles, J. Gay*, 1866), pet. in-12, de 71 pp. demi-rel. chag. r. tête dor. ébarbé.

Tiré à petit nombre (150 exemplaires numérotés).
Exemplaire de M. WEYER.

72. Charles Monselet. Rétif de la Bretonne, documents inédits, etc. *Paris, Aubry*, 1858, in-12, portr. br.

Livre devenu rare.
Exemplaire sur PAPIER DE HOLLANDE, avec double état du portrait, AVANT LA LETTRE et EAU-FORTE.

73. Bibliographie et iconographie de tous les ouvrages de Restif de La Bretonne... par P. L. Jacob, bibliophile (Paul Lacroix). *Paris, Fontaine*, 1875, in-8, portr. demi-rel. mar. vert jans. avec coins, tête dor. ébarbé. (*Pagnant.*)

Envoi de M. Fontaine à M. Potier.

BALLETS, SCÉNARIOS ET DIVERTISSEMENTS

COMPOSÉS PAR M. H. JUSTAMANT

PRÉCIEUSE RÉUNION DES MANUSCRITS ORIGINAUX ET AUTO-GRAPHES, formant l'œuvre complet d'un des plus grands chorégraphes du siècle.

Henri Justamant, né à Bordeaux en 1815, mort au Parc Saint-Maur en 1890, parcourut longtemps les grandes villes de province et de l'étranger et fit particulièrement de longs séjours à Marseille, à Lyon, à Bruxelles, etc. Il vint ensuite à Paris, où il dirigea successivement les ballets de la Porte-Saint-Martin, de l'Opéra, de la Gaîté et des Folies-Bergères. Élève des célèbres chorégraphes français Henry et Blache, il est des derniers qui ont su mettre sur pied un grand ballet d'action ; il savait particulièrement faire mouvoir les grandes masses et apportait beaucoup de fantaisie et d'imprévu dans ses conceptions chorégraphiques. On cite parmi ses chefs-d'œuvre le divertissement de *Faust* et les ballets d'*Orphée* qui sont considérés comme les modèles du genre.

Tous ces manuscrits, d'une écriture très lisible, sont ornés de petits dessins à l'encre rouge et noire, indiquant les positions et les mouvements des danseurs et sont souvent accompagnés d'AQUARELLES, de photographies, de comptes-rendus de journaux, d'affiches, de partitions manuscrites, etc.

Nous avons divisé cette réunion de ballets par théâtres ou par genres : chacun des numéros qui la composent sera vendu séparément, *mais cette adjudication ne sera que provisoire ; elle ne deviendra définitive què dans le cas où une surenchère ne viendrait pas couvrir l'ensemble des prix obtenus.*

1. Théâtres de province et de l'étranger (1843-1876). — 8 vol. in-fol. 1 vol. in-8 cart. et 7 vol. de partitions musicales, cart. et en feuilles. — Ens. 16 vol.

GRAND THÉÂTRE DE MARSEILLE (1843-1845)

LE FILS DE L'ALCADE, ballet comique en un acte ; 2 partitions manuscrites ajoutées. — LE ROYAUME DES FLEURS, ballet féerie en deux actes (2 *aquarelles*, 2 *chromos et 1 photogr.*) ; livret et 3 partitions manuscrites ajoutées.

GRAND THÉÂTRE DE BORDEAUX (1847)

LA FIANCÉE DU MAGOT, ballet chinoiserie en deux tableaux ; partition manuscrite ajoutée. — LES MEUNIERS, ballet comique ; avec partition manuscrite.

THÉÂTRE DE LA RENAISSANCE, à Nantes (1868)

Ballets de PEAU D'ANE, féerie.

THÉATRE DE L'ALHAMBRA, à Londres (1869-1876)

La Fille du feu, ballet en quatre tableaux ; partition manuscrite ajoutée. — Fairys-Home, ballet-féerie en quatre tableaux (1 *aquarelle*).

THÉATRE VICTORIA, à Berlin (1874)

Les Sept Corbeaux, ballets et divertissements.

On a ajouté à cette réunion les livrets manuscrits des ballets-pantomimes suivants représentés aux théâtres de Marseille et de Lyon : Le Fils de l'Alcade. — La Fiancée du Magot. — Le Guez enchanté. — Les Conscrits Espagnols. — Les Contrebandiers bohémiens. — La Permission de 10 heures. — Quasimodo. — Les Tribulations d'une ballerine. —Le Magicien. — Ens. 9 pièces en 1 vol. in-8, cart.

2. Grand Théâtre de Lyon (1849-1861). — **31 ballets en 29 vol. et 17 vol. de partitions musicales. — Ens. 38 vol. in-fol. cart. et br.**

La Muette, rôle de Fénéla et danses (*photogr. de M*lle* Fiocre*).—Jérusalem, divertissement.—Le Joueur de Biniou, ballet en un acte (3 *aquarelles et 1 chromo*); 2 vol. de partitions musicales manuscrites ajoutés. Les Contrebandiers, ballet pantomime en deux tableaux; 2 vol. de partitions manuscrites ajoutés. — Les Conscrits Espagnols, ballet comique en un acte ; partition manuscrite ajoutée. — Le Bal travesti, ballet-divertissement en un tableau; partition manuscrite ajoutée. — Les Saltimbanques, ballet-divertissement en un tableau (1 *photog.*). — Le Dieu et la Bayadère, ballet. — Le Diable a quatre, ballet en deux actes; partition manuscrite ajoutée. — Les Cosaques, ballet en deux actes; partition manuscrite ajoutée. — La Forêt Noire, pantomime en trois actes. — Lore-Ley, ballet en quatre tableaux (7 *aquarelles*); partition manuscrite ajoutée. — La Fille du Ciel, ballet en quatre tableaux (*photogr. de M*lle* Léquine, 6 chromos*); partition manuscrite ajoutée. — Quasimodo, ballet en trois actes (3 *aquarelles et 1 chromo*); partition manuscrite ajoutée. — La Houri, ballet-féerie en un acte. — Fleurs et Papillons, ballet-féerie en un acte. — Les Vêpres Siciliennes, ballets. — Almaviva et Rosine, ballet en trois actes. — Ballets des Sept Merveilles; partition manuscrite ajoutée. — La Permission de dix heures, ballet en deux actes; partition manuscrite ajoutée. — Flamma, ballet fantastique en deux actes (1 *chromo*); 2 volumes de partitions manuscrites ajoutés. — Le Magicien, ballet-chinoiserie en deux actes (1 *aquarelle et 1 chromo*); deux volumes de partitions manuscrites ajoutés. — Les Tribulations d'une Ballerine, ballet-pantomime en deux tableaux. — Les Neréides, ballet-féerie en deux actes (*Dessins au crayon, 3 aquarelles et 5 chromos*). — Gustave III, grand ballet. — Le Diable amoureux, ballet en trois actes. — Paquitta, ballet en deux actes. — Ballets pour Le Prophète, La Juive, Guillaume Tell. — Le Corsaire, ballet en trois actes (1 *aquarelle, 2 chromos, portrait de la Rosati* et livret ajoutés).

3. Opéras-Comiques. — Ballets composés et réglés par Henri Justamant, pour divers théâtres de province. 1854-

1877. — 15 ballets en 5 vol. in-fol. cart. et 3 vol. de partitions musicales, rel. et br. — Ens. 8 vol.

Divertissements de Juagarita. — Divertissements de l'Etoile du Nord.
— Danse de Giralda. — Divertissements du Pré aux Clercs. — Danse du
Roi des Halles. — Paul et Virginie, danse de la Bamboula. — Ballet
de Martha. — Danse de Si j'étais Roi. — Divertissement des Amours
du Diable. — Divertissement de Lalla-Rookh. — Ballets de Myrtille;
avec partition manuscrite et partition imprimée. — Le Carnaval de
Venise, ballets; partition manuscrite ajoutée. — Grand pas de La Fée
aux Roses. — Galop des lanternes du Cheval de Bronze. — Danse du
Médecin malgré lui.

On a ajouté à cette réunion la partition musicale imprimée de Philé-
mon et Baucis, opéra-comique de Ch. Gounod.

4. Théâtre de la Monnaie, de Bruxelles (1862-1864). —
10 ballets en 9 vol. et 3 vol. de partitions musicales. — Ens.
14 vol. in-fol. cart.

Les Songes, ballet-féerie en un acte (1 *dessin au crayon*); partition
manuscrite ajoutée. — Les Amadryades, ballet-féerie en deux tableaux.
— Divertissement d'Obéron, opéra. — Divertissements de Robert le
Diable, opéra. — Ondine, ballet en deux actes. — Divertissement des
Dentelles; partition manuscrite ajoutée. — Divertissements de la
Reine de Saba. — Les Nymphes amazones, ballet en deux actes; partition manuscrite ajoutée. — Ballets de l'Orco, opéra. — Pas de quatre
des Templiers, opéra. — L'Etoile de Messine, ballet pantomime en
deux actes. — Danses du Trouvère.

5. Théâtre de la Porte-Saint-Martin (1866-1882). — 11 ballets en 14 vol. et 6 vol. de partitions musicales. — Ens. 20 vol.
in-fol. cart. et en feuilles.

Les Parisiens a Londres, ballets (2 *aquarelles*, 1 *chromo et* 5 *photographies, dont celle de Mmes Mariquita et Rozé*); partition manuscrite ajoutée.
— La Tour de Nesle, 3 danses (1 *photogr.*). — Le Bossu, 3 danses
(5 *photogr. dont celles de Mlle Rozé, et de Bertoto*). — Revue 1867, ballets. — Salvator Rosa, ballets (7 *aquarelles*, 4 *photographies, dont
celle de Mlle Rozé, et* 1 *chromo*). — Cendrillon, féerie en cinq actes (2 *photogr. dont celle de Mme Rosetti et* 1 *grande affiche illustrée en couleur*);
partition manuscrite ajoutée. — Le Royaume de Noël, grand ballet en
un acte (1 *aquarelle*, 3 *chromos*). — Les Chevaliers du brouillard, ballet (3 *photogr.*). — La Biche au bois, ballets et mise en scène (1 *aquarelle*, 5 *dessins au crayon*, 7 *photogr. dont* 2 *de Mme Cora Dallot*); 2 volumes de partitions manuscrites ajoutés. — L'Arbre de Noël, féerie
(2 *photogr.* 10 *chromos*); 3 motifs imprimés de la partition ajoutés. —
Le Petit Faust, mise en scène et danses; partition imprimée ajoutée.

6. Théâtre de l'Opéra. — Ballets composés et réglés, par
Henri Justamant pour notre Académie Nationale de Musique,
de 1868 à 1869. — Ens. 5 vol. in-fol. cart.

Divertissements pour Les Huguenots, Faust (2 *aquarelles et photogr.*

de Mmes Gaugain, Laurand et Trabold); partition imprimée ajoutée, LE PROPHÈTE et LA FAVORITE. — GISELLE, ballet fantastique en deux actes.

On a ajouté à cette réunion un volume de partitions manuscrites des ballets des pièces et opéras suivants : *Les Huguenots, la Favorite, la Juive, le Prophète, Guillaume Tell, la Muette, les Martyrs, le Dieu et la Bayadère, Robert le Diable, la Reine de Chypre, Jérusalem, les Vêpres Siciliennes, le Juif errant, Charles VI, le Trouvère, Moïse, le Siège de Corinthe.* — Ens. 17 pièces en 1 vol. in-fol. cart.

7. **Théâtre de la Gaîté** (1868-1865). — 8 vol. et 4 vol. de partitions musicales. — Ens. 12 vol. in-4 et in-fol. cart. et br.

LES FUGITIFS, divertisssements (3 *photogr.*); avec partition manuscrite; — LA CHATTE BLANCHE, divertissements (10 *aquarelles*, 1 *chromo et 1 photogr.*) — GILBERT DANGLARS, divertissements (14 *aquarelles de* S. CLÉDAT). avec partition manuscrite. — VOYAGE DANS LA LUNE, ballets (11 *aquarelles, 1 chromo, 1 photogr., 12 figures*); partition imprimée ajoutée. — LES ERYNNIES, ballet (3 *aquarelles*); partition imprimée ajoutée. — LE BOURGEOIS GENTILHOMME, intermèdes. — MONSIEUR DE POURCEAUGNAC, intermèdes. — LES FOLIES ESPAGNOLES, ballet.

8. **Théâtres de Paris** (1871-1888). — 30 ballets en 19 vol. in-fol. cart. et 11 vol. de partitions musicales, br. — Ens. 30 vol.

MENUS-PLAISIRS (1871-1872)

Divertissements pour le PUITS QUI CHANTE (6 *photogr.*); LA REINE CAROTTE, et les GRIFFES DU DIABLE.

CHATEAU-D'EAU (1871-1873)

Divertissements pour QUI VEUT VOIR LA LUNE (livret ajouté), le BOUDOIR DE VÉNUS et la PATTE A COCO (5 *aquarelles et 2 chromos*). — Ballets des POMMES D'OR (4 *jolies et fines aquarelles*).

CHATELET (1874-1883)

Ballet de LA BELLE AU BOIS DORMANT ; partition manuscrite ajoutée. — Divertissements et ballet des PILULES DU DIABLE (4 *aquarelles*); partition manuscrite ajoutée. — Ballets de CROMWELL, drame (1 *aquarelle*); partition manuscrite ajoutée. — Ballets des FUGITIFS (1 *très jolie aquarelle*). — Ballets de MADAME THÉRÈSE ; partition manuscrite ajoutée. — PEAU D'ANE, Ballet des forges infernales et Ballet des fleurs animées ; partition manuscrite ajoutée.

THÉATRE-LYRIQUE (1876-1877)

Ballets pour OBÉRON (5 *aquarelles et 1 photogr.*). — DIMITRI, opéra (5 *aquarelles*); partition manuscrite ajoutée. — Le BRAVO (1 *aquarelle, 1 dessin à la plume*). — LE TIMBRE D'ARGENT, ballet et rôle de Fiametta ; partition imprimée ajoutée.

SKATING-THÉATRE (1878-1879)

Divertissements pour les FEMMES-CHEVAUX (4 *aquarelles*); partition manuscrite ajoutée. — Les JAPONAISES (3 *aquarelles*); partition manuscrite ajoutée. — EN ORIENT (2 *aquarelles*). — Les CLOWNS (2 *aquarelles*). Les ÉCREVISSES (2 *aquarelles*). — Les ŒUFS DE PAQUES.

RENAISSANCE (1881)

Danses de LA CAMARGO; avec partition musicale manuscrite. — Divertissement de KOSIKI. — Divertissement du SAÏS (partition imprimée ajoutée). — Scène et Danse de la BONNE AVENTURE (partition manuscrite ajoutée).

PALACE-THÉATRE (1883)

LA VAGUE, ballet en deux tableaux (*affiche illustrée en couleur*).

EDEN-THÉATRE (1888)

LE PIED DE MOUTON, ballets des Fleurs Guerrières et des Flocons de neige (2 *belles photogr.*). — LE PETIT DUC, ballet des Bohémiens et Soldats.

9. **Théâtre des Folies-Bergères** (1872 et 1887-1889). — 12 ballets en 13 vol. et 5 vol. de partitions musicales. — Ens. 18 vol. in-fol. cart. et br.

CLOWN-BALLET, divertissement (4 *aquarelles*). — RÉSERVISTES A VENIR, ballet en un tableau (1 *aquarelle*, 1 *chromo* et 1 *photogr.*). — LES SAUTERELLES, ballet-fantaisie en un tableau (1 *photogr.*); partition manuscrite ajoutée. — CLOWNS ET CLOWNESSES, divertissement (*photogr. de Mlle Lévy*). — DIVERTISSEMENT ESPAGNOL; partition manuscrite ajoutée. PRESSE-BALLET, ballet en un acte; partition manuscrite ajoutée. — LES ALMÉES, ballet divertissement. — DANS L'INCONNU, ballet japonais en un acte (2 *exemplaires*). — LES ECOSSAIS, divertissement; partition manuscrite ajoutée. — LES BAIGNEUSES, ballet en un acte; partition manuscrite ajoutée. — FLAGRANT DÉLIT, ballet en un tableau. — JOUJOU-BALLET, en deux tableaux.

10. **Ballets divers** et Partitions musicales, la plupart manuscrites. — Ens. 60 vol. in-fol. cart. et en feuilles.

VOYAGE DANS LES PLANÈTES, féerie en 25 tableaux. — ALPHA, féerie en 21 tableaux. — Ballets du JUIF-ERRANT, opéra. — LES CIRCASSIENNES, ballets-pantomime. — LE PÉLERINAGE, ballet-pantomime en deux tableaux. — L'AMOUR D'UNE FÉE, féerie en vingt-deux tableaux. — LES FILLES DU CIEL, ballet-fantaisie en un tableau. — LES FLEURS GUERRIÈRES. — LES DEUX BOSSUS, ballet-féerie, en cinq tableaux. — LA SYLPHIDE, ballet en deux actes; partition manuscrite ajoutée. — L'HIRONDELLE BLEUE, ballet-fantaisie en deux tableaux. — BALLET MILITAIRE, en un tableau. — LA VIVANDIÈRE, ballet en un acte (1 *figure ajoutée*). — LA ESMERALDA, ballet en trois tableaux. — LES FILLES D'AZUR, troisième acte. — DANS LE SOLEIL, ballet en deux actes. — LES SOURIS BLANCHES, ballet en deux tableaux. — LES PRESTIGES, ballet-fantaisie en dix tableaux. — Ballets de LA STATUE. — LE DUEL DU VIN ET DE LA BIÈRE, ballet en un tableau. — Divertissement franco-russe. — La Fille du Ciel, ballet en trois actes. — Voyage dans les Planètes, féerie en 27 tableaux. — La Fée du Rhin, ballet en trois actes. — Jovita, ballet en trois tableaux. — Noel, divertissement en un tableau. — Les Nations a Paris, ballet en trois tableaux, 2 vol. — Joujou-Ballet, en deux tableaux. — Paquita, ballet en deux actes. — Tableaux vivants (Les Saisons). — Les Automates, ballet-folie en deux tableaux (2 *chromos*). — — Les deux Bossus amoureux, ballet comique en cinq tableaux. — Dans le Soleil, ballet en deux actes. — Les Pieuvres, ballet-fantaisie en un tableau. — Le Diamant, l'or et l'argent, ballet en deux tableaux. — La Bouquetière du Roi, ballet divertissement. — Une fête villageoise, ballet en un tableau. — Lever de rideau du Juif-Errant. — Fragments de divers ballets.

Partitions musicales du Pirate Rouge, des Étudiants, de La Couronne, La Sylphide, Les Chasseresses, La Servante Maîtresse, etc., etc., et nombreux fragments de partitions manuscrites.

On a ajouté à cette importante réunion les livrets d'anciens ballets de l'Académie de Musique et d'autres théâtres de Paris (1783-1860) et de divers ballets-pantomimes d'Henri Justamant. — Ens. 58 pièces en 5 vol. cart.

On y a également joint le Catalogue de l'œuvre d'Henri Justamant, renfermant les ballets composés et réglés par lui et représentés de 1843 à 1889 dans les principaux théâtres de la France et de l'étranger. — Ens. 1 vol. in-8 et 2 vol. in-fol. cart.

11. Pas divers, composés et réglés par Henri Justamant. — Ens. 6 vol. in-fol. cart.

Pas-Valse et mixte (9 pas). — Grands Pas d'Opera (3 pas). — Pas nobles (9 pas). — Pas espagnols (5 pas). — Pas de genres (14 pas). — Pas nobles, avec adagio (12 pas).

On a ajouté à cette réunion les partitions manuscrites pour les pas suivants : Pas de deux, musique de Berton. — Pas de trois, musique de de Charles. — Pas de deux, musique de Calendini. — Grand Pas, musique d'Halévy. — Pas de Diane, musique de Calendini. — Pas de deux. — Pas sauvage. — Pas Espagnols (15 partitions). — Divers pas de genres, musique de Calendini, Litolf, Rozet, Massipe, Artus, etc. (29 partitions). — Ens. 51 partitions cart. ou en feuilles.

12. Orphée aux Enfers. Opéra-féerie en quatre actes et 12 tableaux ; paroles de Hector Crémieux, musique de J. Offenbach. — Réunion de 5 vol. in-fol. cart.

Curieuse et importante réunion, se composant de la partition musicale, de la mise en scène et des costumes des ballets, composés et réglés par Henri Justamant à l'Alhambra de Londres, en 1877, et à la Gaîté de Paris, l'année suivante. Ces volumes sont ornés de CENT-TREIZE AQUARELLES, de 37 photographies, parmi lesquelles celles de MM. Christian, Montaubry, Meyronet et de Mmes Matz-Ferrare, Gilbert, Perret, Castello, Capet, Méry, Debreyat, etc., et de 5 chromolithographies.

N° 730.

Paris. — Typ. Chamerot et Renouard, 19, rue des Saints-Pères. — 2995.

ÉM. PAUL, L. HUARD ET GUILLEMIN
LIBRAIRES DE LA BIBLIOTHÈQUE NATIONALE
28, RUE DES BONS-ENFANTS, 28

COLLECTION
DE
POÉSIES, ROMANS, CHRONIQUES, ETC.
PUBLIÉE
D'après d'anciens Manuscrits et d'après des Éditions
des XVe et XVIe siècles.

25 vol. in-16, goth. vignettes sur bois, brochés. . . . . **75 fr.**

CETTE COLLECTION CONTIENT :

Les sept marchans de Naples. — Maistre Aliborum. — Sensuyue plusieurs belles chansons. — Le roman de Richard filz d'Robert le Diable. — Moralité de Nostre-Dame. — Les prouerbes communs. — Nativité de Nostre Seigneur Jhesuchrist. — Miracle de Nostre Dame d'Berthe. — Bigorne qui mange tous les hommes. — Mirouer des femmes vertueuses. — Miracle de Nostre Dame de la Gaudine. — Le mystère de sainct Martin. — Le songe de la thoison d'or. — L'histoire du noble Syperis de Vineuaulx. — La guerre entre la lague, les membres et le vetre. — Le chevalier delibere. — Les grans regretz de Madamoyselle du pallais. — L'hystoire de Pierre de Prouence. — Le temple d'honneur. — Les cronicques de Gargantua. — Le testament de Lucifer. — Roman d'Edipus. — La grant danse macabre. — M. Hambrelin. — Le vingt-cinquième volume est composé de *L'Art de rhétorique, Les Quinze signes, Le Testament de Taste-Vin*, pièces publiées aussi par M. Silvestre.

CRIS DE PARIS AU XVIe SIÈCLE
SOUS LE REGNE DE FRANÇOIS Ier
Dix-huit planches gravées et coloriées
Reproduites en fac-similé d'après l'exemplaire unique de la Bibliothèque de l'Arsenal
AVEC UNE NOTICE HISTORIQUE SOMMAIRE
Par M. JULES COUSIN
BIBLIOTHÉCAIRE DE LA VILLE DE PARIS
Tiré à 80 exemplaires, sur papier imitant l'ancien. (*Les planches sont détruites.*)
Prix : **60 fr.**

TABLES DES NOMS D'AUTEURS
ET LISTES DES PRIX D'ADJUDICATION
DE BIBLIOTHÈQUES VENDUES AUX ENCHÈRES
Prix de chaque Table : **1 franc**

E.-M.-B. (BANCEL). — J.-CH. BRUNET. — G. CHARTENER. — DE BURE. — MARQUIS DE GANAY
ÉMILE GAUTIER. — COMTE DE LA BÉDOYÈRE. — COMTE DE LAGONDIE
BARON DE LA ROCHE-LACARELLE. — L. DE M. (LEBŒUF DE MONTGERMONT)
POTIER (libraire). — RUGGIERI. — VICTOR DE SAINT-M. (MAURIS)
LÉON TECHENER (Ventes de 1886, 1887, 1889). — ROBERT S. TURNER

BIBLIOGRAPHIE PARÉMIOLOGIQUE
ÉTUDES BIBLIOGRAPHIQUES ET LITTÉRAIRES
SUR LES OUVRAGES, FRAGMENTS D'OUVRAGES ET OPUSCULES
SPÉCIALEMENT CONSACRÉS AUX PROVERBES DANS TOUTES LES LANGUES
PAR
M. G. DUPLESSIS
Exemplaires sur grand papier de Hollande
In-8º de 520 pages, broché. . . . . **15 fr.**

ÉM. PAUL, L. HUARD ET GUILLEMIN
LIBRAIRES DE LA BIBLIOTHÈQUE NATIONALE
28, RUE DES BONS-ENFANTS, 28

SOUS PRESSE :

JEANNE D'ALBRET ET LA RÉFORME

SUITE DE

ANTOINE DE BOURBON ET JEANNE D'ALBRET

PAR

Le BARON ALPHONSE DE RUBLE

OUVRAGES DU MÊME AUTEUR

Le Mariage de Jeanne d'Albret. Grand in-8°, portr. br.... **7 fr. 50**

Le même, sur PAPIER VÉLIN, tiré à 150 exemplaires, avec portrait sur Chine. .... **12 fr.** »

Antoine de Bourbon et Jeanne d'Albret, suite de : *Le Mariage de Jeanne d'Albret.* 4 volumes grand in-8°, brochés. Chaque volume. **8 fr.** »

Le même, sur PAPIER VÉLIN, broché. Chaque volume. .... **12 fr.** »

Jeanne d'Albret et le roi de Navarre sont les personnages les plus attachants de la seconde moitié du XVIᵉ siècle. Par la fermeté du caractère et la puissance du génie, la mère et le fils dominent leurs contemporains, amis et ennemis, et deviennent les arbitres des événements. En racontant leur vie, avec un détail qui ne laisse aucun point dans l'ombre, l'auteur présente l'histoire entière des guerres religieuses.

Ces cinq volumes ont été couronnés en 1887 du grand prix GOBERT, *par l'Académie des Inscriptions et Belles-Lettres.*

Le Duc de Nemours et Mˡˡᵉ de Rohan (1531-1592). In-8°, br. **7 fr. 50**

Épisode de l'histoire galante du règne de Henri II.
Ouvrage imprimé avec luxe et tiré à 170 exemplaires.

Le Traité de Cateau-Cambrésis (2 et 3 avril 1559). In-8°, br. **7 fr. 50**

Étude diplomatique sur l'état de l'Europe au milieu du XVIᵉ siècle, conçue sur un nouveau plan. Pour mieux exposer l'exécution du traité, l'auteur promène son lecteur en Europe et trace le tableau des cours de France, d'Italie, d'Angleterre et d'Espagne.

La Première Jeunesse de Marie Stuart. In-8°, br. ...... **7 fr. 50**

M. le baron de Ruble représente Marie Stuart d'abord jeune fille, étudiant les sciences les plus diverses et complétant son instruction avec les enfants de Henri II; puis dauphine, charmant le roi et les courtisans, l'ornement de la cour la plus brillante qui fut jamais; puis enfin reine de France, pendant le règne, gros d'orages, du faible François II. Le volume s'arrête à la date où la reine d'Écosse quitte pour toujours sa patrie adoptive. Un grand nombre de documents nouveaux ont été mis en œuvre dans cette étude sur le jeune âge et l'éducation de la princesse et des enfants de France, sur leurs plaisirs et leurs jeux, sur les dispositions naturelles des princes qui porteront plus tard les noms de François II, de Charles IX et de Henri III.

La Première Jeunesse de Marie Stuart n'a été tirée qu'à 170 exemplaires.

Paris. — Typ. Chamerot et Renouard, 19, rue des Saints-Pères — 20915.

www.ingramcontent.com/pod-product-compliance
Lightning Source LLC
LaVergne TN
LVHW020635180726
843502LV00006B/2054